日本語間違い探し

日本語力検定委員会

社

はじめに

私たちは時として、知らず知らずのうちに間違った日本語を使ってしまっています。しかも、そのことに気づかないまま過ごしているかもしれません。

とはいえ、改めて日本語を学ぶとなると、面倒なものです。

そこで、クイズ形式で正しい日本語を身につけるために作成したのが本書です。

会話の中に日本語の間違いがあるので、それを探してみてください。

最後までお読みいただければ、正しい日本語が身についているはずです。

日本語力検定委員会

1章 間違いやすい慣用表現 ——日常編—— 5

2章 間違いやすい慣用表現 ——仕事編—— 67

3章 間違いやすい四字熟語 111

4章 間違いやすい敬語 155

5章 間違いやすい表記 197

【この本の使い方】

① 左側のページに問題があります。
② 間違いを見つけて、ページをめくってください。
③ 右側のページに答えがあります。

※各章の後半になると、セリフの数が多くなっていきます。

1章 間違いやすい慣用表現 ―日常編―

日常の中で使っている慣用表現の中には、誤用されがちなものが数多くあります。この章にはそのような言葉を集めました。

1章 間違いやすい慣用表現 —日常編—

Q.01

【日本語を間違えているのはどちら？】

間違っているのは…

× 「さわりはばっちり」

正しくは
「冒頭はばっちり」等

「さわり」は、もともとは「義太夫節ぎだゆうぶしの最大の聞かせどころ」を指しました。そこから転じて、もっとも重要な点や感動的で印象深いところを指す言葉なので、「最初の部分」という意味はありません。

平成28年度の「国語に関する世論調査」では、正しく使えた人は36・1％だったので、正解した方は少数派かもしれません。

1章 間違いやすい慣用表現 —日常編—

Q.02

【日本語を間違えているのはどちら？】

❶ あの羽目を外して遊んでいた妹さんの結婚式、どうだった？

❷ さすがに落ち着いていてしめやかだったよ

間違っているのは…②

× 「しめやかだった」

正しくは

「しとやかだった」

「しめやか」はしんみりとした様子をあらわす言葉です。天候がもの静かであったり、人の気分が沈んでいて悲し気な様子であったりするときに使うのが一般的で、お葬式の時などにも使われます。

「しとやか」は、落ち着いていて優雅であるという意味なので、この場合は「しとやか」の方が適切です。

1章　間違いやすい慣用表現 ―日常編―

Q.03

【日本語を間違えているのはどちら？】

❶ この前のパーティはいつもに増して人が多かったね

❷ みんなゲストの有名人に興味をそそられたんだろうね

間違っているのは…

× 「いつもに増して」 ①

正しくは

「いつにも増して」

「いつにも増して」は「普段以上に」という意味の強調表現です。この場合、「も」が強調の役割を果たします。

一方、「いつもに増して」の「も」は、強調ではなく「いつも」という語の一部です。強調表現としては弱いので、言いたいことが十分に伝わらないでしょう。

1章 間違いやすい慣用表現 ―日常編―

Q.04

【日本語を間違えているのはどちら？】

❶ いよいよ戦いの火蓋(ひぶた)が落とされたね

❷ いやがうえにも盛り上がるね

間違っているのは…

× 「火蓋が落とされた」

正しくは
「火蓋が切られた」

「火蓋が落とされる」「火蓋が切って落とされる」は、「幕を切って落とす」の混用だと思われます。
「火蓋」とは、火縄銃の点火用火薬を入れる皿を覆う蓋のこと。「火蓋を切る」で点火の準備をする、発砲することを意味していました。これが転じて、戦い・競争を始めるという意味になりました。

1章 間違いやすい慣用表現 —日常編—

Q.05

【日本語を間違えているのはどちら？】

❶ お子さん起業するんだって？弱冠20歳ですごいね

❷ でも世間ずれしててすぐ騙されるから心配よ

間違っているのは…

× 「世間ずれしてて」 ❷

正しくは
「世間を知らなくて」

「世間ずれ」は、世間を渡ってきた経験によってずる賢くなっているという意味です。すぐ騙されるというのであれば正反対の意味なので、「世間を知らない」「世間知らず」などと言った方が状況に合っています。

1章 間違いやすい慣用表現 —日常編—

Q.06

【日本語を間違えているのはどちら？】

① 昨日の試合は惜敗（せきはい）だったね　もう少しで勝てたのに

② 悔しいけど力をつけて来年雪辱（せつじょく）を晴らそう

間違っているのは…❷

× 「雪辱を晴らそう」

正しくは

「雪辱を果たそう」

「雪辱を果たす」と「屈辱を晴らす」を混同したと思われる誤用です。

「雪辱」は「辱(はじ)を雪(すす)ぐ」という意味。「晴らす」では「雪ぐ」と意味が重複してしまいます。

令和元年度「国語に関する世論調査」では、正しく答えられた人は38・3％でした。

Q.07

1章　間違いやすい慣用表現　—日常編—

【日本語を間違えているのはどちら？】

❶ 昨日はずっと熱にうなされてたんだ

❷ そうなんだ、でも持ち直したみたいで良かった

間違っているのは…

× 「熱にうなされてた」 ①

正しくは

「熱にうかされてた」

「熱にうかされる」は、高熱のためにうわごとを言うことを意味します。また、前後を忘れるほど夢中になる、という意味もあります。

「うなされる」は、恐ろしい夢を見て苦しそうな声を出すという意味なので、「熱を出して苦しんだ」ことを表現したい場合は適切ではありません。

1章　間違いやすい慣用表現　―日常編―

Q.08

【日本語を間違えているのはどちら？】

❶ あの人はうんちくをひけらかすのが好きだね

❷ 自分の知識を自慢したいんでしょう話半分に聞いておこう

間違っているのは…

× 「うんちくをひけらかす」

正しくは
「うんちくを傾ける」

「うんちくをひけらかす」は「知識をひけらかす」との混用と思われます。

「うんちく」は「蓄えた深い知識」のこと。「うんちくを傾ける」で「自分の知識・技能のすべてを出しつくす」という意味になります。しかし、誰かに得意げに知識を自慢されると、うんざりするものです。多くの人がそう感じているからこそ、「ひけらかす」「たれる」などの動詞が使われるのでしょう。

1章 間違いやすい慣用表現 —日常編—

Q.09

【日本語を間違えているのはどちら？】

A.09

間違っているのは…①

× 「きわめつけ」

正しくは
「きわめつき」

「きわめつき(極め付き)」とは、「極め書き」という鑑定書が付いた書画・刀剣・骨董類のことです。転じて「高い評価を得ているもの」という意味で使われるようになりました。

「きわめつけ」を認める辞書もありますが、本来の意味とは異なるため、誤用とみなす辞書や解説書の方が多いのが現状です。

1章 間違いやすい慣用表現 —日常編—

Q.10

【日本語を間違えているのはどちら？】

❶ 昨日の宴会の食事はどれも舌つづみを打ったよ

❷ 幹事はよほど目鼻がきく人なんだろうね

間違っているのは…

②

× 「目鼻がきく」

正しくは
「目端がきく」

「目鼻がきく」は、「目鼻がつく」「目がきく」「鼻がきく」等の混同だと思われます。
「目端(めはし)」とは、目の端、眼力のこと。「目端がきく」「物事を見抜く力がある」等の意味で機転がきくことを指します。

1章 間違いやすい慣用表現 —日常編—

Q.11

【日本語を間違えているのはどちら？】

① 今年は政治家や芸能人のスキャンダルがよく明るみになるね

② 不倫に汚職なんて遅かれ早かれバレるでしょうに

間違っているのは…

× 「明るみになる」

正しくは
「明るみに出る」

「明るみに出る」は、知られていなかったことや隠されていたことが世間に広まるという意味です。暗い場所から明るい場所に出て、隠し切れなくなった状況を考えると間違えないようになるでしょう。

「明るみになる」は「明らかになる」との混用だと思われます。

1章 間違いやすい慣用表現 —日常編—

Q.12

【日本語を間違えているのはどちら？】

① コンサートのチケット、当選したんだって？

② そうなんだ！つい笑顔がこぼれちゃうよ

間違っているのは…

× 「笑顔がこぼれちゃう」

正しくは
「笑みが
こぼれちゃう」

この場合の「こぼれる」は、感情などが抑えきれなくなって外に出ることを意味します。「笑顔」は感情ではなく顔の様子なので、「笑顔」を使いたい場合は「笑顔になる」と表現すると良いでしょう。

A.13

間違っているのは…②

× 「小春日和」

正しくは

「晴天」等

旧暦では10月のことを「小春」ともいいます。「小春日和」は晩秋から初冬にかけての間のあたたかな晴れ間のこと。春先の天気の良い日という意味はありません。

「五月晴れ」は本来、旧暦の5月＝新暦の6月の晴れ間を意味し、梅雨の晴れ間のことでしたが、現在では新暦5月の晴れの日という意味が市民権を得ているため、使っても問題はないとされています。

1章 間違いやすい慣用表現 —日常編—

Q.14

【日本語を間違えているのはどちら？】

❶ 息子さんは大一番(おおいちばん)に強いですね 発表会のステージでも堂々としていましたよ

❷ 僕の方が有頂天(うちょうてん)になって子どもから落ち着けってたしなめられちゃったよ

間違っているのは…

× 「大一番」 ← ①

正しくは

「大舞台」

「大舞台(おおぶたい)」は晴れの場所のこと。「大舞台に強い」で本番に強いことをあらわします。

対する「大一番」は、相撲や将棋などで優勝を左右するような大事な取組・試合のこと。「横綱昇進をかけた大一番」「勝てばリーグ優勝の大一番」などと使うのが一般的です。

1章 間違いやすい慣用表現 —日常編—

Q.15

【日本語を間違えているのはどちら？】

① あなたは私の命の恩人です 恩にきりますよ

② おおげさだなあ 礼には及びませんよ

間違っているのは…

× 「恩にきります」

正しくは

「恩にきます」

「恩に切る」と覚えると「きります」となってしまいますが、恩は「切る」のでなく「着る」ものなので、正しくは「恩に着ます」となります。

1章 間違いやすい慣用表現 —日常編—

Q.16

【日本語を間違えているのはどちら？】

1 昨日、100年続く老舗(しにせ)のうなぎ屋で食事をしたんだ

2 すごいなあ 職人も年季が違うんでしょうね

A.16

間違っているのは…②

× 「年季が違う」

← 正しくは

「年季が入っている」

「年季」は、「奉公人を雇う約束の年限」のことで、1年で一季です。

江戸時代の商店の奉公人は、年季を何年も経ることで経験を積んできました。ここから、「年季が入っている」など、「長く修練を重ねて腕が熟練している」ことをあらわす言葉が生まれました。

「年季が違う」という言い方はありません。

1章 間違いやすい慣用表現 —日常編—

Q.17

【日本語を間違えているのはどちら？】

A.17

間違っているのは…

× 「嫌気がする」

正しくは

「嫌気がさす、」

嫌だと思う気持ちが生じることを、「嫌気がさす」と言います。この場合の「さす」は、好ましくないものが人の心の中に入り込むことを意味します。「魔がさす」「眠気がさす」などの「さす」も同じ意味です。
①の「怒り心頭に発す」の「発す」は、「達す」としてしまいがちですが、正しくは「発す」です。

1章 間違いやすい慣用表現 —日常編—

Q.18

【日本語を間違えているのはどちら？】

❶ よもやあなたが記憶をなくすまで飲むとはね

❷ いやあ、恥ずかしくて目から火が出る思いだよ

A.18

間違っているのは… ②

×「目から火が出る」

← 正しくは
「顔から火が出る」

恥ずかしいことを表現したいなら、「目」ではなく「顔」が正解。恥ずかしくて顔が上気し、火が出ているように真っ赤になっている様子を指します。

対する「目から火が出る」は、頭や顔を強くぶつけてめまいがするときに使う慣用句です。

1章 間違いやすい慣用表現 —日常編—

Q.19

【日本語を間違えているのはどちら?】

① また苦杯を飲まされた！相性が悪いのかな

② でも試合は接戦だったしもう少し頑張れば勝つ公算は大きいよ

間違っているのは…

× 「苦杯を飲まされた」

正しくは
「苦杯を喫した」

「苦杯」は苦い飲み物を入れた杯のこと。「喫する」とは、飲み物などを口を通じて喉に入れることです。

転じて辛い経験をすることを、慣用表現として「苦杯を喫する」「苦杯をなめる」と言うようになりました。

1章 間違いやすい慣用表現 —日常編—

Q.20

【日本語を間違えているのはどちら？】

❶ あなたの嘘にはあきれたわ　今回は私の胸に納めるけど次はないからね

❷ でもあの件が知られたら君の家の存亡の危機だったからね

間違っているのは…

× 「存亡の危機」

正しくは

「存亡の機」

「存亡の機」は、存続するか滅びてしまうかの重大な場面のこと。出典は、中国で編纂された『戦国策』の「聴は存亡の機なり」。献策に耳を傾けることは、国の存亡に関わる重大事であるという意味です。

近年では「存亡の危機」の方も定着しつつありますが、慣用句としては「存亡の機」が正しいです。

1章　間違いやすい慣用表現　—日常編—

Q.21

【日本語を間違えているのはどの人？】

① 祇園祭（ぎおんまつり）は1000年以上続く由緒あるものなんだって

② 古式豊かなのに堅苦しくなくて好きだわ

③ 伝統的な行事には肩肘張るものもあるからね

間違っているのは…

× 「古式豊か」

正しくは

「古式ゆかしい」

「古式ゆかしく」は、古くからのしきたりにしたがって、という意味です。心が惹かれることを意味する「ゆかしく」によって、古き良きものを懐かしむニュアンスをあらわしています。

1章 間違いやすい慣用表現 —日常編—

Q.22

【日本語を間違えているのはどの人？】

① あの俳優 今じゃ押しも押されぬ人気者ね

② 私は10年来 ずっと好きだから 往年のファンと言えるわ

③ それはちょっと うぬぼれたくなるね

間違っているのは…①

× 「押しも押されぬ」

↓

正しくは
「押しも押されもせぬ」

誰もが認めるという意味の慣用句。「押しも押されぬ」は誤用です。「押しも押されもせぬ」と「押すに押されぬ」とを混同したと思われます。

平成15年度の「国語に関する世論調査」では、「押しも押されもせぬ」を使う人は36・9％だったのに対し、「押しも押されぬ」を使う人は51・4％にのぼりました。

1章 間違いやすい慣用表現 —日常編—

Q.23

【日本語を間違えているのはどの人？】

① 2人目が生まれたんですって 愛らしいでしょうね

② そうだね、また愛想をふりまくのが上手なんだよ

③ 親の背を見て子は育つというし君の影響かもね

間違っているのは…

× 「愛想をふりまく」

正しくは
「愛嬌をふりまく」

「愛想」と「愛嬌」は混同してしまいがちですが、「愛想」とは他人に対する態度のことで、「愛想がいい」「愛想が尽きる」などと使います。
「愛嬌」は可愛げのことなので、振りまくのは「愛嬌」なのです。

1章 間違いやすい慣用表現 —日常編—

Q.24

【日本語を間違えているのはどの人？】

① 会社をお役目御免(ごめん)になったって聞いたけど本当？

② いや、その件は自分でも首をかしげるほど不可解な話でね

③ 言葉を濁さないでよ

間違っているのは…

× 「お役目御免」

正しくは
「お役御免」 ←

「お役御免」は免職になること、仕事から解放されることを意味します。

「お役」は「役目」の丁寧語です。意味から考えれば「御役目御免」も「御役目御免」も同じですが、江戸時代において、武士が役職を解任されることは「御役御免」と言われていました。これが一般に浸透したと考えられます。

1章 間違いやすい慣用表現 —日常編—

Q.25

【日本語を間違えているのはどれ？】

① 髪型を変えたんだ　忌憚(きたん)のない意見を聞かせて

② ああ、かかりつけの美容師のところでかい

③ うん、値は張るけど実力は折り紙付きだよ

間違っているのは…

× 「かかりつけ」 ❷

正しくは

「行きつけ」

「かかりつけ」は「かかりつけ医」など、医師限定の表現です。身近にいて健康について何でも相談できる医師を指します。美容師などの場合は、「行きつけ」を使いましょう。

1章 間違いやすい慣用表現 —日常編—

Q.26

【日本語を間違えているのはどれ？】

❶ ピンチをきっかけに君との絆が深まった気がするよ

❷ きっとこれも運命なんでしょう 袖振りあうも多少の縁ね

❸ 縁は異なもの味なものってやつだね

間違っているのは…

× 「袖振りあうも多少の縁」

正しくは
「袖振りあうも多生の縁」

「袖振りあうも多生の縁」とは、人との出会いには深い因縁があるから、どんな出会いも大切にすべきだということわざです。

ここには、生まれ変わりを説く仏教の世界観があらわれています。

「多生」も、何度も生まれ変わることを意味する仏教の言葉です。「多少」では意味が通じなくなってしまいます。

1章 間違いやすい慣用表現 —日常編—

Q.27

【日本語を間違えているのはどれ？】

1. 怒られずにすんだな 口車を合わせておいて良かったよ

2. この前の二の舞は演じないさ、しかし母さんも疑い深いな

3. 俺たちが問題児だから腹に据えかねているんだろう

間違っているのは…

① ×「口車を合わせておいて」

正しくは ← 「口裏を合わせておいて」

「口車を合わせる」は、「口裏を合わせる」と「口車に乗せる」の混用だと思われます。

「口裏を合わせる」は、あらかじめ相談して話を合わせておくことです。

対する「口車に乗せる」は、巧みな話で人をだますこと。「口裏を合わせる」とは意味が異なるので、区別して使いましょう。

1章　間違いやすい慣用表現 ―日常編―

Q.28

【日本語を間違えているのはどれ？】

① あの2人　また声を荒らげて言い合っているわね

② 恨み骨髄に達すというのかな、仲が良いようにも見えるけど

③ 考えが甘いよ　実際はものすさまじい感情があると思うよ

間違っているのは…**②**

× 「恨み骨髄に達す」

正しくは

「恨み骨髄に徹す」

この場合の「徹す」は、骨の芯まで入り込んでいくほど恨みが強い、ということを意味します。

「達す」も意味は似ていますが、「徹す」の方はじわじわと浸透していく様子も表現されています。

ちなみに「荒らげる」は「あららげる」と読みます。近年では「荒げる」とすることもありますが、「荒らげる」の方が伝統的な言い方です。

1章 間違いやすい慣用表現 ―日常編―

Q.29

【日本語を間違えているのはどれ？】

❶ 主任なんて私にはとうてい役不足です

❷ しかし君が脚光を浴びたのは事実だよ

❸ では頑張って采配(さいはい)をふってみます

❹ すぐに心配は杞憂(きゆう)だったと気づくさ

間違っているのは…

× 「役不足」 ←

正しくは
「力不足」

「役不足」は、与えられた役目の方がその人の力量より不相応に軽いときに使う言葉です。実力以上の評価を受けて謙遜する意味はありません。

「私では役不足」という言い方では「もっと良い役が私にふさわしい」という意味になってしまうので要注意です。

1章 間違いやすい慣用表現 ―日常編―

Q.30

【日本語を間違えているのはどれ？】

1. インドは最高だよ 遺跡は雄大だし 人はほがらかだし

2. それは見識が広がりましたね

3. ただ仕事では上前(うわまえ)をかすめられちゃったね

4. したたかな人が多いんですね

間違っているのは… ❸

× 「上前をかすめられる」

正しくは

「上前を、はねられる」

「上前」は「上米」が転じた言葉で、取引の仲介者が取る手数料のことです。

「ピンはねする」「前をはねる」も同じ意味の言葉で、どれも「かすめる」ではなく「はねる」を使います。「かすめる」と混同しがちですが、「上前をかすめる」という言い方はしません。

2章 間違いやすい慣用表現 ―仕事編―

仕事上のやりとりは、日常での会話以上に注意が必要です。ですが、大人になるとなかなか他人から間違いを指摘してもらえないものです。
この章で確認してみましょう。

2章 間違いやすい慣用表現 ―仕事編―

Q.01

【日本語を間違えているのはどちら？】

① 社長の肝入りで採用制度を刷新するらしいね

② ええ、有望な人材を青田刈りするんです

間違っているのは…

× 「青田刈り」

正しくは

「青田買い」

企業が大学卒業予定の学生をごく早い時期に採用することを「青田買い」といいます。

青田とは、まだ実り具合の分からない稲穂が並ぶ田んぼです。稲が青いうちに収穫量を見越してその青田を買い取るというのがこの言葉の意味なので、「買い」が正しいです。

2章 間違いやすい慣用表現 —仕事編—

Q.02

【日本語を間違えているのはどちら？】

① 寸暇を惜しまず頑張ってるんだから次のリーダーは僕だな

② 頑張り続ければきっと白羽の矢が立つよ

間違っているのは…

× 「寸暇を惜しまず」

正しくは
「寸暇を惜しんで」

「寸暇を惜しんで」と「骨身を惜しまず」を混同したのが「寸暇を惜しまず」だと考えられます。

「寸暇」はちょっとした時間のことですから、目標があるのなら、時間を惜しんで頑張る方が良いでしょう。

「白羽の矢が立つ」の「立つ」は「刺さる」と間違いやすいですが、正しくは「立つ」です。

2章 間違いやすい慣用表現 —仕事編—

Q.03

【日本語を間違えているのはどちら？】

間違っているのは…

× 「頭角を出した」

正しくは

「頭角を現した」

「頭角」は文字通り頭部にある角のことで、才能が他の人より優れていることを意味します。「頭角を出す」という言い方はしません。

2章 間違いやすい慣用表現 —仕事編—

Q.04

【日本語を間違えているのはどちら？】

① 新商品があんなにヒットするとはね喝采(かっさい)を叫びたいよ

② 夜を日に継いで頑張り続けた甲斐があったな

間違っているのは…

× 「喝采を叫びたい」

正しくは
「快哉、を叫びたい」

「快哉(かいさい)」の「哉」は「〜だなあ」などの感慨を示す字で、「快哉」で、愉快・楽しい・気持ちの良いこととなります。

「喝采」は「喝采を浴びる」など、主に受ける側の立場で使います。

2章 間違いやすい慣用表現 —仕事編—

Q.05

【日本語を間違えているのはどちら？】

1 彼はいつも苦虫をつぶしたような顔をしているわね

2 会話の時もずっと眉をひそめてるんだ

間違っているのは…

× 「苦虫をつぶしたような」

正しくは

「苦虫をかみつぶしたような」

苦虫とは、とても苦い味のする想像上の生物です。
ただつぶすだけでなく、かみつぶすことで味が口の中に広がるのでよりダメージが大きい、と覚えると良いかもしれません。

2章 間違いやすい慣用表現 —仕事編—

Q.06

【日本語を間違えているのはどちら？】

❷ この間も木で鼻をくくったような態度だったな

❶ 彼女はクールだねとりつくひまもなかったよ

間違っているのは…

×「とりつくひま」

正しくは
「とりつくしま」

「ひま(暇)」と間違いやすいですが、とりつくのは「しま(島)」です。

何かを相談しようとしても頼りになるものがないという意味なので、多忙の中の「暇」よりも、海を行く船にとっての「島」の方がより切実でしょう。

2章 間違いやすい慣用表現 —仕事編—

Q.07

【日本語を間違えているのはどちら？】

間違っているのは…　❶

× 「三日とあけず」

正しくは
「三日に、あげず」

「三日にあげず」は、間をおかず頻繁にという意味の慣用句です。
「三日」は、実際の三日間をさすわけではなく、間をあけないという意味で、「あげず」も頻繁にという意味です。

2章 間違いやすい慣用表現 —仕事編—

Q.08

【日本語を間違えているのはどちら？】

❶ 社長から直接 新企画について 苦言を発されるとはね

❷ 頭を切り替えて 新規まき直しを はかりましょう

間違っているのは…

× 「苦言を発される」

正しくは
「苦言を呈される」

相手方の良くない点について、あえて発言することを「苦言を呈する」といいます。「呈する」には、差し出すという意味もあります。

「まき直し」は「まき返し」と混同しがちですが、植物の種をまき直すようにやり直しを図るという意味の正しい表現です。

2章 間違いやすい慣用表現 —仕事編—

Q.09

【日本語を間違えているのはどちら？】

❶ このまま続けても屋上屋(おくじょうおく)を重ねるだけだから対策を考えないと

❷ 一からやり直した方が無駄が省けるかもしれませんね

間違っているのは…

× 「屋上屋を重ねる」

正しくは
「屋上屋を架す」

「屋上屋を架す」は、屋根の上にさらに屋根を架けるような、無駄なことをするときの例えとして使われます。「重ねる」では意味が通りません。
なお、「架す」は空中に長いものをわたすときに使う言葉で、橋などにも使われます。

2章 間違いやすい慣用表現 —仕事編—

Q.10

【日本語を間違えているのはどちら?】

❶ 新しいリーダーに佐々木君はどうかな ひとつのことに心血を注ぐタイプだし

❷ 彼はどうでしょう 御託(ごたく)を言ってばかりで肝心の能力が足りないように思います

間違っているのは… ❷

× 「御託を言ってばかり」

正しくは
「御託を並べてばかり」

「御託」は、神仏のお告げ「御託宣(ごたくせん)」が略されたものです。御託宣を告げる人物のように、もったいぶってえらそうな言い分を並べたてるのですから、とても傲慢な態度であることがうかがえます。

2章 間違いやすい慣用表現 —仕事編—

Q.11

【日本語を間違えているのはどちら？】

① 大人数で予約したのに集まりが悪いなんて後へも先へも引けないよ

② 見切り発車が良くなかったのかもしれないね

間違っているのは…

× 「後へも先へも引けない」

正しくは
「後へも先へも行けない」

「後に引けない」という言い方もあるので紛らわしいですが、「後へ引く」ことはできても「先へ引く」ことはできません。「後へも先へも行けない」が正しい慣用句です。

間違っているのは…

× 「馬齢を重ねて」

正しくは
「年輪を重ねて」等

「馬齢を重ねる」は無駄に年をとるという意味の慣用句です。②の人物が自分の父を謙遜して「馬齢を重ねてしまったよ」と言うのであれば良いのですが、他人やその親族に対して使うのは失礼です。

2章 間違いやすい慣用表現 —仕事編—

Q.13

【日本語を間違えているのはどちら？】

❶ 新開店のレストラン、満席だったから後ろ髪を引かれながら帰ってきたよ

❷ あの店は部長好みだと思いますよ 私のお墨付きです

A.13

間違っているのは… ❷

× 「私のお墨付き」

← 正しくは

「私が保証します」等

「お墨付き」は、かつて将軍や大名などが部下に対して与えた、領地などを保証する文書のことでした。

転じて現在は、権威のある人による保証という意味となっています。目上の人に対して使うのは避けた方が良いでしょう。

2章 間違いやすい慣用表現 —仕事編—

Q.14

【日本語を間違えているのはどちら？】

A.14

間違っているのは… **②**

× 「枯れ木も山の賑わい」 ←

正しくは 「賑やか」 等

「枯れ木も山の賑わい」とは、つまらない物でもないよりはましという意味です。人がたくさん集まれば賑やかになるという意味ではありません。

この言葉で誰かを誘うことは失礼にあたるので注意しましょう。

2章 間違いやすい慣用表現 —仕事編—

Q.15

【日本語を間違えているのはどの人？】

① また部長の独演会が始まったよ

② いつもの鬼の霍乱(かくらん)かあれが始まると長いんだよな…

③ 下手に出たのに骨折り損になっちゃったね

間違っているのは…

×「鬼の霍乱」

正しくは
「孤軍奮闘」等

「鬼の霍乱」は、普段はとても健康な人が珍しく病気になることの例えです。暴れる・騒ぐなどの意味はないので、前ページのような使い方はできません。
ちなみに、「霍乱」は暑気あたりによる症状をさす中国医学の用語でしたが、現在の中国語ではコレラを指します。

2章 間違いやすい慣用表現 —仕事編—

Q.16

【日本語を間違えているのはどれ？】

① 明日の会議は大物揃いなので気が張るね

② 相手の顔色をうかがうことはないけどしっかりね

③ うん、君の名前に泥を塗るような真似はしないよ

間違っているのは…

× 「名前に泥を塗る」

← 正しくは
「顔に泥を塗る」

「顔に泥を塗る」でひとつの慣用句なので、泥を塗るのは顔のみと覚えておくと良いでしょう。他に「面目をつぶす」「体面を傷つける」などの言い方もあります。

2章 間違いやすい慣用表現 —仕事編—

Q.17

【日本語を間違えているのはどれ？】

① ギリギリ締め切りに間に合いそうだよ

② ありがとうございます 先輩の働きには本当に感心します

③ おだてても何も出ないぞ

間違っているのは…

× 「感心します」

正しくは
「感銘を受けます」等

「感心」は良い意味に使うことも多いのですが、逆説的に用いてあきれ・驚きを表現するときにも使われるので、目上の人物に対して使うのは避けた方が良いでしょう。

2章 間違いやすい慣用表現 —仕事編—

Q.18

【日本語を間違えているのはどれ？】

① 彼、猛獣みたいな人だったけどずいぶん変わったね

② 良い職場に転職して毒気を抜かれたみたいよ

③ それはそれで張り合いがない気もするなあ

間違っているのは…

× 「毒気を抜かれた」

← 正しくは 「牙を抜かれた」

「毒」「毒気(どくけ・どっけ)」には、他人の気持ちを傷つけようとする気持ち・悪意という意味があります。

「毒気を抜かれる」となると、相手をやりこめようとしたのに予想外の反応をされて気勢をそがれるという意味になります。

性格がおとなしくなったことを言いたいのであれば「牙を抜かれた」などが良いでしょう。

2章 間違いやすい慣用表現 ―仕事編―

Q.19

【日本語を間違えているのはどれ？】

① ついにマスコミが非難の口火をつけてきたな

② 隠蔽の努力は水泡に帰したね

③ 今後炎上する可能性を考えると胸がふさがるよ

間違っているのは…

× 「口火をつけてきた」

正しくは
「口火を切った」

「口火を切る」はきっかけをつくるという意味の慣用句です。「火」はつけるもので、「口火」は切るものです。
ちなみに、火打ち石でおこした火は「切火」とも言います。

2章 間違いやすい慣用表現 ―仕事編―

Q.20

【日本語を間違えているのはどれ？】

① 不祥事がばれてから上を下への大騒ぎね

② なぜ取締役たちは会長に肩入れするのですか？

③ 的を得た質問ね 彼らが学生時代に会長の教え子だったのよ

④ なるほど 報恩なんですね

間違っているのは…❸

× 「的を得た」

正しくは

「的を射た」

「的」は矢で射るものです。的そのものを得たとしても、この言葉の持つ「的確・要点をつく」という意味にはなりません。

近年の調査では「的を得る」という言い方も普及しているようですが、言葉の意味を考えれば、「射る」が正しいことが分かるでしょう。

2章 間違いやすい慣用表現 ―仕事編―

Q.21

【日本語を間違えているのはどれ？】

① 先輩、さっきの会議でのご説明はお見事でしたね

② そうかな、自分では思うようにいかなくてはがゆかったんだが

③ 木に竹を接ぐようで良かったですよ

④ それなら胸のつかえも下りるのだがね

間違っているのは… ❸

× 「木に竹を接ぐ」

正しくは

「なめらか」
「立て板に水」等

材質の違う木と竹をつないでもうまくいかない・不自然であることを言ったのが「木に竹を接ぐ」です。

前ページの部下は、先輩の説明はスムーズだったと言いたかったのかもしれませんが、それならば「なめらか」「立て板に水」などが適当です。

3章 間違いやすい四字熟語

四字熟語の間違いはなかなか気づかないものですが、「この字、なんだか変だな?」という違和感を大事にして読み進めてみてください。

3章 間違いやすい四字熟語

Q.01

【日本語を間違えているのはどちら？】

❶ 君と奥さんは以心伝心の仲だね

❷ 新婚の頃からずっと順風満々だよ

間違っているのは…

× 「順風満々」 ← ❷

正しくは

「順風満帆、」

「順風満帆(じゅんぷうまんぱん)」は、帆に風が満ちてスムーズに船が進む様子から、ものごとが順調に進むさまを意味します。

一方、「満々」は満ちあふれているという意味です。風があふれているだけでは船は進みません。帆に風を受けて初めて船は動くのです。

3章 間違いやすい四字熟語

Q.02

【日本語を間違えているのはどちら？】

❶ 小沢さんのお子さん天真爛漫(らんまん)でかわいかったですね

❷ 本当にね あんな子がいたら一身不乱に働くよ

間違っているのは…

×「一身不乱」

正しくは

「一心不乱」

「一心不乱」は、一つのことに心を集中させて懸命になるという意味の四字熟語なので、「身」ではなく「心」を使います。

『阿弥陀経』という仏典に、「我体を捨て南無阿弥陀仏と一体なるを一心不乱というなり」という記述があります。これが「一心不乱」の語源だと考えられますが、ここで重要視されているのも心の方です。

3章　間違いやすい四字熟語

Q.03

【日本語を間違えているのはどちら？】

❶ 豪華絢爛(けんらん)なコレクションをお持ちだそうですね

❷ いや〜玉石混同で質の低いものもあるけどね

間違っているのは…

×「玉石混同」

正しくは
「玉石混交」、
「玉石混淆」

優れた玉と劣っている石が混じり合っている状況をあらわすのが「玉石混淆」です。
「玉石混同」では、玉と石を混同する・同一のものと間違えるという意味になってしまいます。
なお「淆」の字は常用漢字にはないため、近年では「交」が使われているようです。

3章 間違いやすい四字熟語

Q.04

【日本語を間違えているのはどちら？】

① 飲み会の時も織田さんは品行良正でしたね

② 本当かい？あまり覚えてないから半信半疑だなあ

間違っているのは…①

× 「品行良正」

正しくは

「品行方正」

「品行」は、ふるまいや行い、「方正」は心や行いがきちんとしているという意味です。「良正」は人名としては存在しますが、言葉としてはありません。

3章 間違いやすい四字熟語

Q.05

【日本語を間違えているのはどちら？】

① こんな人通りの多いところで事件を起こすなんて大胆無敵ね

② それなのに目撃者が少ないなんて捜査は四苦八苦しそうね

間違っているのは… ①

× 「大胆無敵」

正しくは

「大胆不敵」

「大胆無敵」は「大胆不敵」の誤用です。
「不敵」とは恐れを知らず、どんな相手も敵ではないと考える態度です。「無敵」とは敵がいないほど強いということですが、この場合は「無敵」と言えるほどの状況ではないでしょう。

3章　間違いやすい四字熟語

Q.06

【日本語を間違えているのはどちら？】

① 外出先で偶然 人情沙汰を見ちゃったよ

② すごいわね 一体何があったのか 興味津々だわ

間違っているのは…

× 「人情沙汰」

①

正しくは

「刃傷沙汰」

読みは「人情」「刃傷」どちらも「にんじょう」ですが、「刃傷沙汰」は字の通り、刃物による傷ができるような深刻な状況を指します。

なお「興味津々」の「津々」は、あふれ出ているさまを意味します。「深々」と間違いがちなので注意しましょう。

3章 間違いやすい四字熟語

Q.07

【日本語を間違えているのはどちら？】

❶ 今日は衆人環視の中大立ち回りだったね

❷ 自我自賛になっちゃうけどすごく頑張ったよ

間違っているのは…
× 「自我自賛」

正しくは
「自画自賛」

「自画自賛」は、自分で自分を称賛するという意味の四字熟語です。言葉の意味としては「我」でも間違いではなさそうですが、なぜ「画」なのでしょうか。

「賛」は、絵画の中に書かれる称賛の詩文のことです。本来は他人に書いてもらうものですが、自分で書いてしまうことから、この言葉が生まれました。

語源に絵画がかかわっているので、「画」の字が使われるのです。

3章　間違いやすい四字熟語

Q.08

【日本語を間違えているのはどちら？】

① 一時は四面楚歌だったけどおかげでなんとかなったよ

② 私もほっとしましたこれで汚名挽回ですね

間違っているのは… ②

× 「汚名挽回」

正しくは
「名誉挽回」
「汚名返上」

挽回するのは「名誉」で、「汚名」は返上するものです。ですから「名誉挽回」または「汚名返上」が正解です。

「名誉挽回」と「汚名返上」は混同しやすい四字熟語の代表格です。しかし言葉の意味を理解して覚えれば、間違うことはなくなるでしょう。

3章　間違いやすい四字熟語

Q.09

【日本語を間違えているのはどちら？】

① 東さんはあまり意志鮮明じゃないから信用できないよ

② そりゃ君の質問が意図不明だからじゃないかな

間違っているのは…

× 「意志鮮明」 ❶

正しくは

「旗幟鮮明」

「旗幟(きし)」とは旗やのぼりのことです。戦場で旗を掲げ、どの陣営に属するかを明確にするように、意志や主張がはっきりしているという意味の言葉が「旗幟鮮明」です。

なお「意識」は明確にするもので、「意識」は鮮明にするものです。

3章　間違いやすい四字熟語

Q.10

【日本語を間違えているのはどちら？】

❶ あの人がおちぶれたのは因果応報だよ

❷ ずいぶん意味深淵ね 過去に何かあったのね…

間違っているのは…　❷

× 「意味深淵」 ← 正しくは

「意味深長」

「意味深長(しんちょう)」は、ある表現が奥深い意味を持っているという意味の四字熟語です。
「深淵」は、深い川や、物事が奥深いという意味です。単独で使うことはありますが、「意味」とつなげて使うことはありません。

3章 間違いやすい四字熟語

Q.11

【日本語を間違えているのはどちら？】

① あんな商品は羊頭苦肉よ 見かけ倒しだわ

② 二束三文で売られていても欲しくないよね

間違っているのは…

× 「羊頭苦肉」

正しくは
「羊頭狗肉」

「羊頭狗肉」は、中国の禅書『無門関』から生まれた言葉です。

店頭には羊の頭を掲げて立派なものを売っているように見せかけながら、実際に売るのは狗（犬）の肉だったという故事から、見かけ倒しという意味になります。

「苦肉」を使った言葉には「苦肉の策」がありますが、こちらだと本来の意味が伝わらなくなってしまいます。

3章 間違いやすい四字熟語

Q.12

【日本語を間違えているのはどちら？】

① 困難辛苦の末に
いい職に就けたよ
君も転職しない？

② 私は今の職場で
愉快適悦だから
当分は転職しないわ

間違っているのは…①

×「困難辛苦」

正しくは

「艱難辛苦」

「艱(かん)」「難」「辛」「苦」は、どれも険しい・難しい・辛い・苦しいなど、悩み深い状況を示す字です。

似た意味の字を連ねることで、きわめて困難な状況をあらわしたのが「艱難辛苦」です。「困」も意味や音は似ていますが、「困難辛苦」という言葉はありません。

「愉快適悦」はとても楽しくうれしいことをあらわす四字熟語です。

3章 間違いやすい四字熟語

Q.13

【日本語を間違えているのはどれ？】

1. あなたって純真無垢な人ね
2. 才色兼美だしうらやましいわ
3. お上手ね 社交辞令として聞いておくわ

間違っているのは…

× 「才色兼美」

正しくは

「才色兼備」

「才色」の「才」は才能、「色」は容姿を意味します。そして、この2つを兼ね備えているのが「才色兼備」です。

「色」には美しさという意味があるので、「美」の字を入れる必要はありません。

3章 間違いやすい四字熟語

Q.14

【日本語を間違えているのはどれ?】

① よくあの人と親しくできるね 叱咤激励だなんて言って怒鳴ってくるのに

② そう? 豪放磊落(ごうほうらいらく)な性格で付き合いやすいよ

③ それは君が博学多彩で目をかけられているからでしょう

間違っているのは…

× 「博学多彩」

正しくは

「博学多才」

「博学」は広い分野にわたって知識を持つという意味です。「多才」もやはり多くの知識・能力を持つという意味なので、似た意味の語句を連ねて強調した四字熟語です。

「彩」には、色どり・色をつけるなどの意味はありますが、知識という意味はありません。

3章　間違いやすい四字熟語

Q.15

【日本語を間違えているのはどれ？】

❶ 今ならあの時自分は心神耗弱状態だったと分かるよ

❷ 自縄自縛（じじょうじばく）に陥（おちい）って周りが見えていなかったんだね

❸ 心気一転してまた明日から頑張ろう

間違っているのは…

× 「心気一転」

➂

正しくは

「心機一転」

「機」の字は、きっかけ、はずみという意味を持ちます。あるきっかけによって気持ちを切り替えるのが「心機一転」です。「心気」だと、切り替えのためのきっかけという意味がなくなってしまいます。気持ちを切り替えるためには、何かきっかけがあった方が良いでしょう。

Q.16

【日本語を間違えているのはどれ？】

① このままいけば次の部長は十中八九今井さんですね

② それはちょっと時期早尚だよ

③ しかし社内は二六時中この話でもちきりですよ

A.16

間違っているのは…

× 「時期早尚」

正しくは
「時期尚早」

何かを実行するにはまだ早いという意味の四字熟語が「時期尚早（じきしょうそう）」です。

「尚」は「なお」とも読み、さらに・やはりなどの意味がある字です。「なお早い」と覚えておくと良いかもしれません。

なお「二六時中」は間違いではありません。一般的には「四六時中」の方が多いですが、時間を干支の十二刻であらわした時代の言葉が今も残っているのです。

3章 間違いやすい四字熟語

Q.17

【日本語を間違えているのはどれ？】

① 新しいCEOが綱紀静粛を掲げましたね

② でも権謀術数にたけた役員がどう動くかで結果は変わるわよ

③ 怖いなあ これじゃ疑心暗鬼にもなるよ

間違っているのは…①

× 「綱紀静粛」

正しくは

「綱紀粛正」

「綱紀」は、大きな決まり事という意味です。「粛正」とは厳しく取り締まることで、「静粛」は静かにする、慎むことです。

会議などで「静粛に！」と呼びかけることはありますが、綱紀は「粛正」するものです。

3章 間違いやすい四字熟語

Q.18

【日本語を間違えているのはどれ？】

1. 試行錯誤していた企画書、ついに出来たんだね

2. 賛非両論あるでしょうが賛同を得られるよう努力します

3. 満場一致は難しいかもしれないけど頑張って

間違っているのは…

× 「賛非両論」

❷

正しくは

「賛否両論」

あることに対して賛成と否定の両論があり、優劣がつけられないのが「賛否両論」なので、「非」ではなく「否」が正解です。

3章　間違いやすい四字熟語

Q.19

【日本語を間違えているのはどれ？】

❶ 味方もいないし絶対絶命ですね

❷ あなたは最後まで付き合うわよね一蓮托生だよ

❸ 不要不急の用事があるので失礼します

❹ そんな冷酷無情なこと言わないでよ

間違っているのは…

× 「絶対絶命」

正しくは ←

「絶体絶命」 ①

「絶体」と「絶命」はともに、九星術で不吉な星の名前とされています。そこから転じて、どうしても逃げられない、せっぱつまった状況を指すのが「絶体絶命」となります。逃れられない運命ということなので、絶望感が増します。

3章 間違いやすい四字熟語

Q.20

【日本語を間違えているのはどれ？】

間違っているのは…

× 「厚顔不遜」 ❷

正しくは ← 「傲岸不遜」

「厚顔不遜」は、「厚顔無恥」と「傲岸不遜」が混じってしまった言葉と思われます。「厚顔無恥」も意味は近いですが、この場合は人を見下している・おごり高ぶっているなどの意味を持つ「傲岸不遜」が適切でしょう。

「遜」はへりくだるという意味です。「不」がついて、へりくだらずおごり高ぶる様子をあらわしています。

3章　間違いやすい四字熟語

Q.21

【日本語を間違えているのはどれ？】

① 千載一遇のチャンスだからお金貸して！

② 無為無職の人間に貸すお金はありません

③ 頼むよ、徒手空拳で他に頼れる人がいないんだ

④ それはあなたの自業自得でしょう

間違っているのは…

× 「無為無職」

正しくは 「無為徒食」

「無為」とは何もしないことです。「徒」には、いたずらに・無駄にという意味があり、「徒食」はいたずらに食べるだけ、つまり日々を無駄に過ごすということです。

無為徒食の人は、何もしない一方で食事だけは立派にしているというのが人をイライラさせるのかもしれません。

4章 間違いやすい敬語

監修：磯部らん

敬語は社会人としての基本技能です。でも正しい敬語は難しいですよね。イライラすると記憶力が低下してしまうので、無理のないペースで読み進めてください。電話対応についても取り上げています。

4章　間違いやすい敬語

Q.01

【日本語を間違えているのはどちら？】

❷ お待ちしておりました すぐに担当者が みえますので お待ちください

❶ 失礼いたします 10時にお約束して おります 小林と申します

間違っているのは…

× 「担当者がみえます」

正しくは

「担当者が参ります」

②の男性は「担当者が来ます」と言いたいのでしょうが、それならば「みえる」ではなく「参る」が正解です。

「みえる」は相手の行動を示す尊敬語です。自分の会社の社員の行動をへりくだって示す場合はふさわしくありません。

「行く」の謙譲語・丁寧語である「参る」を使うのが正解です。

間違っているのは… ❶

× 「参られる」 ←

正しくは

「いらっしゃる」

「参る」は「行く」「来る」の謙譲語です。謙譲語は自分の言動をへりくだって言うときに使うものです。

このような場合は、「来る」の尊敬語である「いらっしゃる」「お越しになる」が適切です。

なお、「参る」には「電車が参ります」などの丁寧語の用法もあります。

間違っているのは…

× 「おられますか」

正しくは
「いらっしゃいますか」

電話での会話は相手に敬語を使う必要がありますが、「おる」は自分の動作をしめす謙譲語なので、ふさわしくありません。「いらっしゃいますか」などにしましょう。

間違っているのは…

× 「お持ちして、ください」

正しくは

「お持ちください」

「お持ちする」は、自分の動作を低めて説明するときに使う謙譲語なので、ふさわしくありません。

「持つ」に「お〜ください」をつけて尊敬をあらわす「お持ちください」などにしましょう。

4章　間違いやすい敬語

Q.05

【日本語を間違えているのはどちら？】

❶ いいアイデアが出たね　社長も僕たちのご提案に賛成なさるはずだよ

❷ さっそく明日にでもご意見をうかがってみよう

間違っているのは…

× 「ご、提案」 ← 正しくは 「提案」

「ご」は尊敬語としても謙譲語としてもよく使われる接頭語です。

ただ、①は自分たちの提案に対して尊敬語を使ってしまっているので、間違いです。②にある「ご意見」の「ご」は、社長への尊敬語と考えられるので、問題ありません。

間違っているのは…

× 「頂戴できますか」

正しくは
「お聞かせいただけますか」

「頂戴する」は「受け取る」の謙譲語です。相手の名刺等を受け取るときなどに「頂戴いたします」と言うのは問題ありませんが、相手の名前を聞くときには使いません。
「お聞かせいただけますか」「お伺いしてもよろしいでしょうか」などが適切です。

4章　間違いやすい敬語

Q.07

【日本語を間違えているのはどちら？】

① よろしければ限定の記念品をいただいていってください

② これはご丁寧にありがとうございます　お礼の申し上げようもありません

間違っているのは…

×「いただいていってください」

正しくは
「お持ち帰りください」

「いただく」は謙譲語で、自分の言動をへりくだってあらわすときに使うものです。

この場合は相手に記念品を持ち帰ってもらいたいのですから、「お持ち帰りください」「お受け取りください」などが良いでしょう。

4章 間違いやすい敬語

Q.08

【日本語を間違えているのはどちら？】

① こんなに格安で契約してくださるなんて驚きです

② 恐れ入りますぜひご活用されてください

A.08

間違っているのは… ❷

× 「ご活用されてください」

↓

正しくは
「ご活用なさってください」

「される」は「する」の尊敬語ではありますが、「する」の尊敬語には他にも「なさる」があります。

「される」は受け身の動詞としても使われるまぎらわしい言葉なので、語尾に「〜ください」がつく場合は特に「なさる」を使う方が良いです。

あるいは、シンプルに「ご活用ください」でも良いでしょう。

4章 間違いやすい敬語

Q.09

【日本語を間違えているのはどちら？】

間違っているのは… **2**

× 「粗相を なさらないよう」

正しくは
「粗相を しないよう」

「なさる」は「する」の尊敬語です。

この言い方だと後輩に尊敬語を使うことになるので、ここはシンプルに「粗相をしないよう〜」で問題ありません。

4章 間違いやすい敬語

Q.10

【日本語を間違えているのはどちら？】

① さきほどはご親切にご対応いただきありがとうございました

② とんでもございません当たり前のことをしたまでです

間違っているのは…②

× 「とんでも ございません」

正しくは
「とんでも ないです」

「とんでもない」というのは、「とんでも」に「ある・ない」がついたものではなく、もともと一つの形容詞です。

ですので、敬語にするなら「とんでもない+です」「とんでもない+ことでございます」などとなります。

4章 間違いやすい敬語

Q.11

【日本語を間違えているのはどちら？】

❶ 毎度足をお運びいただきご苦労さまです

❷ こちらこそお時間をいただき恐縮です

間違っているのは…

× 「ご苦労さま」 ← ①

正しくは

「お疲れさま」

「ご苦労さま」は目下の人に使うものというのがビジネスマナーです。来客に対しては「お疲れさま」「ありがとうございます」などの方が良いでしょう。

なお「恐縮です」は、「ありがとう」と「申し訳ない」という気持ちが入り混じった言い方なので、使い方をマスターすると便利です。

4章　間違いやすい敬語

Q.12

【日本語を間違えているのはどちら？】

❶ さっき料理を頼んだので一緒にいただきましょう

❷ ではありがたくいただかせていただきます

A.12

間違っているのは…②

× 「いただかせて いただきます」

正しくは

「いただきます」

「いただく」は「もらう・食べる」などの謙譲語です。

また、敬語としてよく使われる「させていただきます」は、相手の承諾を得て何かを行う場合に用いる謙譲語です。

①のように使うのは問題ありませんが、②のように重ねて使うのは正しくありません。過剰にへりくだる必要もないので、「いただきます」で十分です。

4章　間違いやすい敬語

Q.13

【日本語を間違えているのはどちら？】

① 本当に山中課長はわが社との取引は中止とおっしゃられたの？

② はい、「御社には期待している」と言われていたのですが……

A.13

間違っているのは…

× 「おっしゃられた」 ①

正しくは

「おっしゃった」

「おっしゃる」は「言う」の尊敬語です。ですので単体で使うのであれば問題ありませんが、そこに尊敬語「られる」が続くと、二重敬語になってしまいます。どちらか片方で十分なので、「おっしゃる」「言われる」などにしましょう。

4章　間違いやすい敬語

Q.14

【日本語を間違えているのはどちら？】

間違っているのは…

× 「いたダいております」

正しくは
「とって、おります」

「いただく」という言葉には丁寧な響きがありますが、休みは電話の相手からもらったわけではありません。

休みをくれたのは自分の会社なので、「お休みをいただく」という言い方だと自社に尊敬語を使うことになってしまいます。「休みをとっています」などと言いましょう。

4章 間違いやすい敬語

Q.15

【日本語を間違えているのはどちら？】

❶ うちの新製品、先輩はもう拝見されましたか？

❷ 今ちょうど社長がご覧になっているからあとで一緒に見よう

間違っているのは…

① ×「拝見されましたか」

正しくは →「ご覧になりましたか」

「拝見」は「見る」の謙譲語で、自分の言動をへりくだって言うときに使います。
ここでは話し相手に尊敬語を使うべきなので、「見る」の尊敬語「ご覧になる」などを使うと良いでしょう。

4章 間違いやすい敬語

Q.16

【日本語を間違えているのはどれ？】

① 本日はどうぞよろしくお願いいたします

② 山田様でございますね 遠い所をお越しいただきありがとうございます

③ 担当者が来るまでお茶とお菓子でも召し上がってください

間違っているのは…

× 「ございますね」

正しくは
「いらっしゃいますね」

「ございます」は「ある」などの動詞の丁寧語です。この場合は「～である」という補助動詞を丁寧にしており、言葉としては丁寧ですが、相手への敬意がありません。
このような場合は相手を直接うやまう尊敬語「いらっしゃる」などを使いましょう。

4章　間違いやすい敬語

Q.17

【日本語を間違えているのはどれ？】

① 部長、今日のランチご一緒してもよろしいですか？

② ご多分にもれず牛丼のつもりなんだけどいいかしら？

③ もちろん構いません部長の健啖家ぶりは見ていて痛快です

間違っているのは…

① ×「ご一緒してもよろしいですか」

正しくは
「お供してもよろしいですか」

「ご一緒」は同行することをへりくだって言う言葉ではありますが、主に同格の人に対して使う言葉です。
目上の人に対して言う場合は「お供してもいいですか」などが適切です。

4章　間違いやすい敬語

Q.18

【日本語を間違えているのはどれ？】

❶ おかげさまで新商品が予想以上に売れています

❷ それは良かった！そのことを社長はもうお聞きしているのかい？

❸ 先に先輩にご報告したかったのでまだです

間違っているのは…

× 「お聞きしているのかい」

正しくは

「お聞きに、なったのかい」

「聞く」という言葉を丁寧な言い方にしたかったのでしょうが、「お聞きする」では自分の言動をうやまうことになってしまいます。「お聞きになった」「聞かれた」などが良いでしょう。

A.19

間違っているのは… ❸

× 「お申し伝えください」

← 正しくは

「お伝えください」

「言う」の謙譲語「申す」に「伝える」をつけたものが「申し伝える」です。

自分が「申し伝える」を実行するのであれば問題ありませんが、③のように誰かに依頼するときには「お伝えください」「お伝えいただけますでしょうか」などの方が良いでしょう。

4章 間違いやすい敬語

Q.20

【日本語を間違えているのはどれ？】

1. こんど出張で北海道の出張所を訪問するんだ
2. それなら現地の野菜をごちそうになるといいよ
3. 私も食べたよ 満足すること請け合いだよ
4. 私もお邪魔したいな

間違っているのは…

× 「ごちそうになると いいよ」

正しくは
「食べると いいよ」

「ごちそうになる」は、自分の言動に使う謙譲語なので、②のように相手の言動には使えません。「食べてください」「召し上がってください」などと言いましょう。

5章 間違いやすい表記

この章では、日々やりとりするメールやSNSでの間違いを確認していくので、横書きになります。
　メールの書き方については主に仕事でのやりとりを、SNSの表記については日常のシーンを想定しています。

5章 間違いやすい表記

Q.01

【表記を間違えているのはどちら？】

① 打ち合わせについて

関係者様各位

お世話になっております、鈴木です。
来月1日の打ち合わせは午後2時からです。
よろしくお願いいたします。

鈴木

② Re:打ち合わせについて

鈴木様

お世話になっております。
打ち合わせの時間、2時で承知いたしました。
よろしくお願いいたします。

佐藤

間違っているのは…

× 「関係者様各位」

正しくは

「関係者各位」

「各位」は、2人以上の相手に対する敬意を含んでいる敬称で、メールや文書などでよく使われます。人名の場合のように「様」もつけたくなるかもしれませんが、「各位」のみで相手への敬意は伝わります。

5章　間違いやすい表記

Q.02

【表記を間違えているのはどちら？】

① ご無沙汰しております

株式会社彩図社御中
田中様

ご無沙汰しております。
また一緒に飲みに行きませんか。
今週末の金曜日はいかがでしょうか？

高橋

② Re:ご無沙汰しております

高橋様

お久しぶりです、ご連絡ありがとう
ございます。
今週の金曜日、大丈夫です。
会えなかった間のお話をしましょう。

田中

間違っているのは…

× 「株式会社彩図社御中 田中様」

⬇

正しくは

「株式会社彩図社 田中様」

「御中(おんちゅう)」は企業などの団体に対して使う敬称で、「様」は個人相手の敬称です。

このメールのように企業の中の特定の個人にあてて書く場合は、個人への敬称のみで問題ありません。「御中」は、企業中の個人名が分からない場合などに使いましょう。

5章　間違いやすい表記

Q.03

【表記を間違えているのはどちら？】

① ありがとうございます

伊藤様

ご連絡ありがとうございます。
御社の商品はいつも面白いですね。
後日まとめて発注させていただきます。

渡辺

② Re:ありがとうございます

渡辺様

ありがとうございます。当社の長年の
努力の成果が実りました。
ご注文をいただける日を心待ちにして
おります。

伊藤

間違っているのは… ①

× 「御社」

⬇

正しくは

「貴社」

　「御社」は相手の団体に対する敬称です。ただし、会話の中で使う話し言葉なので、文書内などの書き言葉の場合は「貴社」を使いましょう。

5章　間違いやすい表記

Q.04

【表記を間違えているのはどちら？】

　ご結婚おめでとうございます　

山本様

このたびはご結婚おめでとうございます。
先ほどお祝いの品をお送りしましたので
ご受納いただければ幸いです。
お二人の末永いご多幸をお祈りいたします。

中村

　ありがとうございます　

中村様

先日は私どもの結婚にあたり、結構なお品を
お送りいただき、誠にありがとうございます。
本日内祝いをお送りいたしましたので
どうぞお納め下さいませ。

山本

間違っているのは… ❷

× 「内祝い」

正しくは

「心ばかりの品」

　結婚の報告に対するお祝いのメールです。このような文書にはテンプレートがあるので、それらを利用すれば、ほとんどの場合はミスをせずにすみます。

　ただ、「内祝い」とは祝辞へのお返しとして贈る品ではなく、身内の慶事のおすそ分けなので、このような場合は適切な言葉ではありません。「心ばかりの品」などとすると良いでしょう。

5章　間違いやすい表記

Q.05

【表記を間違えているのはどちら？】

　お悔やみ申し上げます　

小林様

ご家族のご逝去の報に接し、驚いております。
心よりお悔やみ申し上げます。
小林様も、くれぐれもお体に
お気をつけください。ご返信は不要です。

加藤

　Re.お悔やみ申し上げます　

加藤様

このたびは過分なお心づかいをいただき、
心よりお礼を申し上げます。おかげさまで
無事葬儀を終えることができました。
略式ながらメールにてご報告・お礼とさせ
ていただきます。

小林

間違っているのは…

× 「くれぐれも」

⬇

正しくは

「どうぞ」「なにとぞ」等

　①は、「死去」「亡くなる」などの直接的な表現を控え、「返信は不要」と書き添えている、良い文面です。

　しかし、不幸に言及するメールなので、「くれぐれも」などの重ね言葉は避け、不幸が続くイメージを相手に抱かせない方が良いでしょう。

　一方、返事を書くときは、簡潔に相手の気づかいに感謝する文面でかまいません。

5章　間違いやすい表記

Q.06

【表記を間違えているのはどちら?】

① お誘い

松本様

いま劇場で上演中のミュージカルは究極の
エンターテイメントです。
ぜひ一緒に観に行きましょう。

山田

② ごめんなさい

山田様

お誘いありがとうございます。
ミュージカルは好きですが、主演俳優が
少しナルシシストのように感じるので、
申し訳ありませんが今回は遠慮します。

松本

間違っているのは…

× 「エンターテイメント」

↓

正しくは

「エンターテインメント」

　口頭では「エンターテイメント」と聞こえることも多いですが、英語表記は「entertainment」なので、「ン」を入れるのが正しい表記です。

　一方、「ナルシシスト」の英語表記は「narcissist」です。日本ではオランダ語の「narcist」も浸透しているので「ナルシスト」と書かれることも多いですが、「シ」が重なっていても間違いではありません。

5章　間違いやすい表記

Q.07

【表記を間違えているのはどちら?】

① おつかれさまです

吉田様

今回のドンキ・ホーテの舞台は
大成功でしたね。
次も共に頑張りましょう。

佐々木

② Re:おつかれさまです

佐々木様

プリマ・ドンナである貴方の素晴らしい
パフォーマンスが成功の秘訣でしたね。
次も頑張りましょう!

吉田

間違っているのは…

× 「ドンキ・ホーテ」

⬇

正しくは

「ドン・キホーテ」

「ドンキホーテ」はスペイン語で、「Don Quijote」と表記されます。「ドンキ」が愛称のディスカウントストアも、正式名称は「ドン・キホーテ」となっています。

　一方の「プリマドンナ」はイタリア語で「Prima donna」と表記するので、「プリマ・ドンナ」が正解です。

5章　間違いやすい表記

Q.08

【表記を間違えているのはどれ？】

SNS

① 先週出た課題は難しいね、私の手には負えないよ！

② 私もやむ終えず締切をのばしてもらった…

③ 日を追うごとに焦りだけが増すよ

④ テストで挽回できるといいね

間違っているのは…

× 「やむ終えず」

↓

正しくは

「やむを得ず」

「やむ＋終えず」や「やむ＋負えず」は間違いで、正しくは「やむ＋を＋得ず」です。字の通り、それまで続いていたことを止めることを余儀なくされることから「しかたがない」という意味になります。

5章　間違いやすい表記

Q.09

【表記を間違えているのはどれ？】

SNS

① あなたが援助してくれたら念願のお店が開けるんだけど

② え…ちょっと待って

③ 援助の件どう？早く返事かえして！

④ 友達とのお金のやりとりは先々後悔しそうだからごめん…

間違っているのは…

× 「返事かえして」

↓

正しくは

「返事をして」

「返事」という言葉にすでに「かえす」という意味が含まれているので、「返事かえして」では意味が重複してしまいます。

「店を開店する」「一番最初」「あとで後悔する」「最後の切り札」などもつい使ってしまいがちな重複表現なので、気をつけたいところです。

5章　間違いやすい表記

Q.10

【表記を間違えているのはどれ？】

SNS

❶ 最近、遊びに行ってる？私は仕事が行きづまってて行けてない

❷ この間友達ともみじ狩りに行ったよ

❸ いいね！みじかな人との旅行って気楽だよね

❹ でも私、道を間違えちゃって…身がちぢむ思いだったよ

間違っているのは…

× 「みじかな人」

↓

正しくは

「みぢかな人」

　「みじか」は正しくは「みぢか」です。「身(み)」と「近い」がひとつになったものです。「近い」は「しかい」でなく「ちかい」なので「みぢか」となります。
　なお、「行きづまる」「もみじ」「ちぢむ」は正しい表記です。「ち」「し」「つ」の使い分けには注意しましょう。

5章　間違いやすい表記

Q.11

【表記を間違えているのはどれ？】

SNS

1 おーい、もう待ち合わせの時間だよ

2 おはよう、今起きてこおりついてる…今からすぐ行く！

3 待ちどおしいよ

4 お待ちどうさま！今駅に着いたよ

間違っているのは…

×「お待ちどうさま」

⬇

正しくは

「お待ちどおさま」

　「お待ちどうさま」は正しくは「お待ちどおさま」と表記します。③に「待ちどおしい」とありますが、この「どおしい」と、「お待ちどおさま」の「どおさま」は、漢字で書くとどちらも「遠」です。「遠い」は「とうい」ではなく「とおい」なので、「お待ちどおさま」が正解です。

　なお「こおりつく」「待ちどおしい」は正しい表記です。「う」「お」の使い分けには注意しましょう。

5章 間違いやすい表記

Q.12

【表記を間違えているのはどれ？】

SNS

❶ 今日のランチおいしかったね！

❷ すごいおいしかったよね！しかも安かった！

❸ うん、コスパもとてつもなく良かった

❹ またすぐ行きたい！至急行きたい！

❺ すさまじく気に入ってるね

間違っているのは…

× 「すごいおいしかった」

↓

正しくは

「すごくおいしかった」

「すごい」と「おいしい」は、文法的にいうと形容詞にあたります。一方の「すごく」は、「すごい」の連用形で、副詞的に使われることがあります。

　副詞は形容詞や動詞につけて使われるので、「すごく＋おいしかった」が正解となります。

　テレビ番組でタレントが「すごいおいしい」と発言しても、テロップでは「すごくおいしい」となっていることがあります。少し気をつければ、身の回りにあるもので正しい日本語に気づくこともできるかもしれません。

日本語　間違い探し

2024年12月10日第一刷

編　者	日本語力検定委員会
イラスト	いらすとや
発行人	山田有司
発行所	株式会社　彩図社 東京都豊島区南大塚 3-24-4 ＭＴビル　〒170-0005 TEL：03-5985-8213　FAX：03-5985-8224
印刷所	新灯印刷株式会社

URL：https://www.saiz.co.jp
　　　https://x.com/saiz_sha

© 2024.Nihongo ryoku Kentei Iinkai Printed in Japan.
ISBN978-4-8013-0746-9　C0181

落丁・乱丁本は小社宛にお送りください。送料小社負担にて、お取り替えいたします。定価はカバーに表示してあります。本書の無断複写は著作権上での例外を除き、禁じられています。

彩図社の本

正しい日本語どっち？ 500

◎「苦虫」は
　噛む？　噛み潰す？
◎「姑息」の意味は
　その場逃れ？　ずるい？
◎「未曾有」の読み方は
　みぞう？　みぞゆう？
あなたはどちらが正解かわかりますか？
間違いやすい日本語を500個集めて解説
しました。

日本語力検定委員会編/瀬崎圭二監修
本体1000円+税

正しい敬語どっち？ 350

◎「相手がそれをどうしたいか」
　の正しい聞き方は
　A．そちらはどういたしますか
　B．そちらはどうなさいますか
どちらが正解でしょう？
……など、多くの人が戸惑いがちな敬
語を350集めて解説しました。シチュ
エーションごとにまとめてあるので、
実用書としても役立ちます。

日本語力検定委員会編/磯部らん監修
本体880円+税